AF403006

L'ÉTAT

ET

LES RENTIERS

PAR

M. G. CERISE

———

EXTRAIT DE LA *REVUE DE FRANCE*
(*Numéro du 1er Juin 1879*)

———

PARIS

IMPRIMERIE DE LA SOCIÉTÉ ANONYME DE PUBLICATIONS PÉRIODIQUES
13, QUAI VOLTAIRE, 13

1879

L'ÉTAT

ET

LES RENTIERS

PAR

M. G. CERISE

EXTRAIT DE LA *REVUE DE FRANCE*
(n° du 1er *Juin 1879*)

PARIS
IMPRIMERIE DE LA SOCIÉTÉ ANONYME DE PUBLICATIONS PÉRIODIQUES
13, QUAI VOLTAIRE, 13
—
1879

L'ÉTAT ET LES RENTIERS

DES CONVERSIONS DE RENTES

Depuis longtemps déjà, le monde financier se préoccupe de la conversion de nos rentes 5 pour 100. Cette question, à la suite des mouvements si brusques que son étude dans les sphères gouvernementales et parlementaires a provoqués à la Bourse, vient de prendre une nouvelle importance ; plus que jamais, c'est une question d'actualité à propos de laquelle bien des idées erronées ont pris naissance et sont chaque jour évoquées. Nous nous proposons d'examiner rapidement ce qu'on entend par conversion ; comment et dans quelles conditions le droit de convertir sa dette est indiscutable pour un Etat ; quel est théoriquement le meilleur mode de conversion à adopter pour ménager en même temps l'intérêt des rentiers et celui des contribuables. Nous résumerons ensuite dans un court exposé historique les principales opérations de ce genre dans les différents pays, désireux de confirmer par les résultats de la pratique les données de la théorie. Nous serons ainsi conduit à notre conclusion.

I

Comme conséquence des guerres malheureusement si fréquentes et des progrès de l'armement moderne, si le mot progrès peut être appliqué au perfectionnement d'une science dont le but est la destruction de la vie humaine ; par suite aussi des dépenses plus utiles qu'a nécessitées la création des voies ferrées, canaux, routes, les budgets modernes des principaux Etats atteignent des chiffres dont on n'avait encore nulle idée au commencement de ce siècle. En France particulièrement, la progression de la dette publique conso-lidée qui comprend l'ensemble des rentes 5, 4 1/2, 4 et 3 pour 100, ne peut que préoccuper les esprits soucieux de la fortune de leur pays. Certes, nous portons en ce moment le poids d'événements désastreux, triste résultat de fautes nombreuses et de négligences coupables. Mais, en laissant même de côté notre rançon de 5 milliards et les dépenses de la guerre de 1870, nous constatons encore une augmentation constante de notre dette.

Pour la réduire, et c'est le but vers lequel doit tendre tout gouvernement sage, deux moyens sont en présence : l'amortissement et la conversion de rentes. Le premier de ces deux modes est à coup sûr préférable ; la prudence engage à employer les excédents de recettes à racheter des rentes pour en annuler les titres. Mais, dans les circonstances actuelles, avec la nécessité de reconstituer notre matériel de guerre, de dégrever les contribuables de certains impôts qui pèsent plus particulièrement sur la production, il est difficile de demander dès maintenant à l'amortissement un fonctionnement régulier et des résu'tats efficaces. La conversion au contraire, c'est-à-dire la réduction de l'intérêt à servir aux créanciers, laisse, en diminuant le chiffre de la dépense annuelle, des sommes immédiate-ment disponibles qui peuvent alors être employées soit à l'extinction partielle de la dette, à la condition de maintenir à chaque budget l'intégralité des ressources ; soit à l'allègement des contribuables, si l'on profite des excédents obtenus pour atténuer les plus lourdes charges. Dans les deux cas, la conversion améliore la situation budgétaire. C'est à cette condition seulement qu'elle a sa raison d'être ; mais alors est-elle légitime ? Respecte-t-elle les droits des rentiers ? C'est ce que nous allons examiner.

II

D'après les articles 1910 et 1911 du Code civil sur le prêt à intérêt, la rente constituée en perpétuel est essentiellement rachetable ; les parties peuvent seulement convenir que le rachat ne sera pas fait avant un délai qui ne pourra excéder dix ans. Ainsi donc, tout débiteur d'une rente perpétuelle peut toujours se libérer au moins après dix ans, à la condition, bien entendu, d'offrir à son créancier le remboursement intégral de sa dette. Ces règles du prêt entre particuliers ne sont-elles pas applicables au prêt entre l'Etat et les particuliers ? Quand le gouvernement français, en 1871 d'abord, puis en 1872, a fait appel au crédit, il promettait de donner à quiconque lui verserait 82 fr. 50 en 1871, 84 fr. 50 en 1872, un intérêt annuel de 5 francs ; il se reconnaissait en même temps débiteur, vis-à-vis son prêteur, de 100 francs de capital par 5 francs de rente, empruntant réellement à 6 20 pour 100 en 1871, à 5 92 pour 100 en 1872. Le cadre de ce travail ne nous permet pas de discuter s'il n'eût pas mieux valu emprunter franchement à 6 ou 6 1/2 pour 100 au pair, c'est-à-dire en recevant 100 francs, qu'à 5 pour 100 en encaissant moins de 100 francs. Dans les deux cas, les intérêts à servir étaient les mêmes ou à peu près, et l'Etat aurait eu l'avantage de ne pas se constituer débiteur d'un capital supérieur à ce qu'il avait reçu ; il aurait évité ainsi de grossir sa dette nominale. En laissant une certaine marge à la hausse par une chance presque certaine de plus-value, le gouvernement pensait, sans aucun doute, attirer plus de capitaux séduits par une prime probable. Dans la situation où se trouvait alors notre pays, il importait avant tout de réussir ; et, s'il est facile de juger, de critiquer même après coup, lorsqu'on s'appuie sur les résultats acquis, l'incertitude qui planait alors sur le dénouement d'une entreprise si colossale ne permettait pas à ceux qui la tentaient de négliger un élément incontestable de succès.

Quoi qu'il en soit, en émettant du 5 pour 100 sous cette forme, l'Etat donnait un titre de 100 francs de capital par 5 francs de rente perpétuelle. Il se trouvait ainsi dans le cas de l'emprunteur prévu par l'article 1911 du Code civil ; la rente constituée était essentiellement rachetable, et il n'avait été stipulé aucun délai pendant lequel on s'interdirait tout remboursement. Si donc, sûr d'avoir à sa disposition autant de capitaux qu'il veut en demander, le gouvernement vient plus tard offrir à ses créanciers la restitution de la somme qu'il a reconnu leur devoir, ceux-ci ne peuvent se plaindre d'un abus de force. L'Etat agit suivant un droit absolu, en tenant un compte scrupuleux de ses engagements. Il ne fera cette proposition que lorsque l'élévation des cours de ses rentes, l'abondance des capitaux lui permettront d'emprunter à d'autres créanciers, à des conditions moins onéreuses ; car il ne se procurera les fonds nécessaires pour rembourser instantanément une dette élevée qu'en faisant un nouvel appel au crédit. C'est ainsi qu'il liquidera aux heures prospères les obligations contractées dans des circonstances critiques.

A ce propos, on adresse aux partisans de la conversion de notre 5 pour 100 l'objection suivante : « Eh quoi ! vous allez sacrifier maintenant ceux qui, en apportant leurs épargnes en 1871 et 1872, ont contribué à la libération rapide du territoire ? » Nous avouons que nous ne voyons pas quel sacrifice imposera la conversion aux souscripteurs de 1871 et 1872 : ils ont joui, pendant sept et huit ans, d'un intérêt rémunérateur ; au remboursement, ils toucheront, par suite de l'écart entre le taux d'émission et le taux nominal, une plus-value de 21.21 et 18.35 pour 100 du capital par eux versé. Leur coopération à l'œuvre de la délivrance se trouve ainsi largement récompensée. Que de petits rentiers, entraînés par des promesses trompeuses dans de lointaines entreprises, attirés par le mirage d'intérêts fantastiques, voudraient, quand le voile leur est tombé des yeux, ne pas être soumis à des sacrifices plus cruels !

Une autre objection semble avoir plus de valeur : depuis 1875, le cours moyen du 5 pour 100 est au-dessus du pair ; de 103 fr. 35 dans cette année, il est arrivé progressivement à 112 et 113 francs ; tous les acquéreurs de cette catégorie de rente, pendant cette période, remboursés au capital nominal, c'est-à-dire à 100 francs, se trouveront lésés et recevront moins qu'ils n'ont déboursé. Il y a là un fait incontestable ; mais on peut cependant invoquer en faveur de la conversion plusieurs arguments : ceux qui ont acheté du 5 pour 100 dans ces conditions n'ignoraient pas les risques qu'ils couraient ; c'est librement qu'ils ont fait cette opération ; rien ne les empêchait de prendre du 3 pour 100 dont le cours est encore éloigné du pair, c'est-à-dire de 100 francs. S'ils ont agi ainsi, c'est qu'ils retiraient du 5 pour 100 un intérêt plus élevé que du 3 pour 100, la perspective d'une conversion possible arrêtant l'essor du premier, tandis que le second, à l'abri d'une pareille menace, offrait encore une forte marge à la hausse, avant d'atteindre le pair. Ils ont préféré, à l'augmentation du capital, un revenu plus élevé; ils se sont volontairement soumis à un aléa qu'ils auraient pu éviter.

Nous avons vu qu'ayant, comme tout débiteur, le droit de se libérer, l'Etat est obligé, quand il rembourse ses créanciers sur une large échelle, d'emprunter de nouveau à un taux que la situation de son crédit et l'abondance de l'argent sur le marché lui permettent d'abaisser. Mais dans l'intérêt même de ses premiers créanciers, il peut leur dire : vous allez avoir à votre disposition, par suite du remboursement que je vous fais, un capital dont vous trouverez difficilement un emploi rémunérateur ; il est juste que je vous donne un droit de préférence sur ceux qui répondront à mon nouvel appel. Si donc vous y voyez un avantage, vous êtes, avant tout autre, mon prêteur dans les nouvelles conditions que mon crédit m'autorise à poser. Ainsi vous avez le choix entre le remboursement définitif de votre capital ou le maintien de votre créance sur moi, au taux que j'offre actuellement.

Telle est la conversion dans sa forme la plus simple; ainsi comprise, elle ne peut susciter une objection sur sa légitimité. Sans léser les droits des rentiers, puisqu'elle se maintient dans les termes d'un contrat librement consenti, elle allège les charges publiques qui incombent à la masse des contribuables bien plus nombreux que les porteurs de rentes; par le respect qu'elle porte aux engagements pris, elle ne touche pas au crédit public. En un mot, elle concilie les intérêts d'une partie privilégiée de la nation avec l'intérêt général.

Son principe une fois compris et admis, reste à savoir comment elle doit être réalisée et quels avantages l'Etat peut trouver à y recourir.

III

La conversion, juste en son principe, n'est pas moins légitime dans ses conséquences, qui sont de réduire les charges de la dette publique et de rendre possible, avec les ressources devenues disponibles, l'amortissement dans de plus vastes proportions. Telle doit être la préoccupation de tout gouvernement; car l'amortissement sérieusement pratiqué amène le développement du crédit, l'abaissement des impôts et, par suite, l'amélioration de la fortune générale. L'intérêt public, on le voit, est directement engagé dans cette question; aussi le mode de conversion qui le sauvegardera le plus complètement en offrant d'autre part à la classe respectable des rentiers, c'est-à-dire à l'épargne de notre pays, les conditions les plus favorables, devra-t-il réunir les suffrages. C'est sur ce terrain que nous nous placerons, certain de nous trouver alors dans la voie profitable à la nation tout entière.

Pour être juste, pour être honnête, toute conversion doit reposer, nous l'avons vu, sur la proposition de rembourser le capital nominal reconnu; autrement les rentiers, frappés dans leurs intérêts, sont en droit de se dire victimes d'une spoliation. En outre, la rente à convertir doit être cotée au-dessus du pair; sinon, placés entre l'alternative de rentrer dans leur capital au pair ou d'accepter de nouvelles propositions, les porteurs de titres préféreront en masse le remboursement où ils trouveront un bénéfice immédiat. De plus, pour être assuré de rencontrer un accueil favorable, et c'est là un point important dans une opération qui doit à tout prix réussir, il faut que le nouveau titre offert donne aux rentiers un profit certain; que ceux-ci, eu égard à la situation du marché et au prix général des capitaux, trouvent un avantage à accepter les propositions de l'Etat, soit parce que l'intérêt offert, bien que réduit, est encore plus élevé que l'intérêt moyen des autres valeurs, soit parce que le nouveau type proposé en échange un peu au-dessous du cours, présente une plus-value immédiate; la diminution d'intérêt aura ainsi une compensation dans l'accroissement du capital. Enfin, une conversion, pour donner des résultats complets, doit être obligatoire et porter sur la totalité d'une nature de rente, chez nous actuellement sur la masse du 5 pour 100.

Par *obligatoire*, nous voulons dire que le rentier soit mis dans l'alternative de recevoir le montant de son titre au pair ou d'accepter la nouvelle rente; tandis que, dans les conversions dites *facultatives*, il a le choix entre la conservation de son titre ancien ou l'acceptation de propositions nouvelles; mais alors, pour l'engager à renoncer au contrat primitif, il est nécessaire de lui faire des conditions très favorables. Dans ce cas, l'Etat est amené à subir une perte égale à la prime qu'il est forcé d'offrir, ou à tromper son créancier par un appât illusoire, manœuvre contre laquelle la probité la plus élémentaire et l'intérêt bien entendu ne sauraient s'élever avec trop d'énergie.

Ces règles générales posées, trois principaux systèmes se trouvent en présence : les conversions de rentes au pair ; les conversions au-dessous du pair ; les conversions avec soulte.

Dans une conversion de rentes au pair, il faut supposer la rente à convertir, le 5 pour 100 par exemple, au-dessus du pair et la possibilité pour l'Etat de se procurer facilement des capitaux à 4 1/2 pour 100 ; ce qui implique, d'après les principes exposés plus haut, que le crédit public moyen est à un taux légèrement inférieur, soit à 4 1/4. En France, le critérium de cette situation sera le cours du 4 1/2 pour 100 au-dessus du pair. L'Etat vient alors proposer aux porteurs de l'emprunt le remboursement à 100 francs ou de nouveaux titres aussi au capital nominal de 100 francs, mais ne rapportant plus que 4 1/2 pour 100. Par cette opération, le capital de la dette restant le même, les charges annuelles se trouvent réduites d'un dixième des arrérages de l'ancienne rente. Pour assurer pleinement le succès de la mesure, il sera nécessaire de renoncer pendant un délai déterminé, cinq, huit ou dix ans, au droit de remboursement pour garantir les rentiers contre une seconde conversion à courte échéance. Avec cet engagement et la perspective d'un intérêt encore rémunérateur, il n'est pas douteux que la majorité des rentiers n'accepte les nouvelles propositions. L'avantage du mode de conversion au pair est de ménager pour l'avenir, si la prospérité publique le permet, la possibilité d'autres réductions ; c'est aussi de ne pas augmenter le capital nominal de la dette, point qu'il est essentiel de ne pas perdre de vue, quand on a pour objectif un amortissement ultérieur.

La conversion au-dessous du pair consiste à offrir, en échange de la rente ancienne, d'autres titres d'un moindre revenu et à un prix inférieur à leur valeur nominale. Si, par exemple, le 3 pour 100 se négocie à 75 francs, cours moyen, ce qui représente du 4 pour 100, le porteur de 5 francs de rente 5 pour 100 peut être mis en demeure d'accepter le remboursement à 100 francs ou de recevoir un titre rapportant 4 francs en 3 pour 100. Afin d'inviter même le rentier à opter pour ce dernier parti, l'Etat n'aurait qu'à promettre un revenu quelque peu supérieur à celui que donnerait le 3 pour 100 à son cours exact, 4 fr. 15 par exemple ; il assurerait ainsi le succès de l'entreprise.

Là encore les intérêts des rentiers sont sauvegardés et leurs droits respectés. Ceux qui adhéreront au nouveau contrat subiront cependant une plus forte réduction qu'avec le système précédent; mais, comme compensation, ils ont la certitude de ne pas être soumis de longtemps à une nouvelle conversion et la perspective d'une plus-value considérable. L'intérêt général, de son côté, trouve-t-il son compte à cette combinaison? A ce point de vue, la réponse est affirmative, si l'on n'envisage que le présent : l'économie réalisée sur les arrérages sera plus considérable qu'avec une réduction du 5 en 4 1/2 pour 100, puisque, d'après l'exemple que nous avons pris, les nouveaux titres ne donneraient que 4 francs au lieu de 4 fr. 50. Mais tout esprit soucieux de l'avenir se préoccupera de l'accroissement du capital nominal de la dette. En effet, si l'Etat se reconnaît débiteur de 100 francs par 3 francs de rente, les 4 francs de rente 3 pour 100 qn'il donne en échange de 5 francs en 5 pour 100 représentent un capital de 133 francs; avant l'opération, il ne devait que 100 francs; après la réduction d'intérêt, il doit 133 francs, c'est-à-dire qu'il a augmenté d'un tiers le capital nominal de sa dette. Cet accroissement sera plus sensible encore si, pour attirer les rentiers, on leur reconnaît, comme nous l'avons supposé, 4 fr. 15 par 5 francs de revenu. Dans des circonstances normales, les titres convertis devront suivre une marche ascensionnelle. Or on comprend aisément combien l'amortissement, si plus tard la pensée venait d'entrer dans cette voie, serait onéreux à de telles conditions, quels sacrifices il exigerait. Et puis, est-ce un bon moyen pour un débiteur soucieux de se libérer de ses engagements que de commencer par augmenter le capital de sa dette. Les procédés les plus simples sont toujours les meilleurs ; le but d'un emprunteur de bonne foi est d'alléger l'ensemble de ses charges; les atténuer d'une part pour les aggraver de l'autre, est-ce le chemin à suivre pour arriver à s'en affranchir? Nous savons que les Etats peuvent invoquer certains arguments qu'on n'admettrait pas dans la bouche des particuliers : entre autres, l'utilité d'avoir une dette sur un modèle uniforme; et la conversion du 5 en 3 pour 100, quand ce dernier type existe déjà, tend à ce résultat. Mais est-il si désirable pour un pays comme le nôtre de n'avoir qu'un type unique? Nous ne le croyons pas : le crédit de l'Etat ne jouit d'aucune élasticité avec une dette compacte, composée d'une seule espèce de fonds. Cette homogénéité devient, en outre, une source d'embarras quand on veut procéder au remboursement ou contracter un nouvel emprunt :

de semblables perspectives influent d'avance sur la rente unique ; et l'Etat n'a pas la possibilité d'établir aisément le taux véritable de son crédit.

Tels sont les deux principaux systèmes de conversions de rentes ; nous en avons encore indiqué un troisième : la conversion avec soulte. Celle-ci consiste à poser l'alternative entre la restitution du capital et l'assurance de servir le même intérêt pendant un délai déterminé, à la condition, pour le porteur de titres, de reverser au Trésor une somme en capital représentant, ou à peu près, la portion d'intérêt dont l'Etat, avec son crédit, pourrait imposer la réduction. Le complément de versement se nomme soulte. Ce système, dans certaines circonstances, offre sans doute à un Etat l'incontestable avantage de se servir de sa prospérité pour se créer des ressources sans aggraver ses charges. Mais si le but d'une conversion est d'alléger le poids de la dette et de préparer l'amortissement, la conversion avec soulte, qu'elle soit faite au pair ou au-dessous du pair, ne répond pas à cette préoccupation. C'est un expédient heureux pour se procurer gratuitement des capitaux ; mais la situation budgétaire n'est en rien améliorée ; le présent et l'avenir restent grevés des mêmes charges. Enfin une opération de ce genre n'est pas absolument équitable, parce que les rentiers ayant un capital disponible, c'est-à-dire la classe la plus aisée, sont seuls en état de refuser le remboursement.

Nous indiquerons encore les conversions de rentes perpétuelles en rentes amortissables par tirage au sort qui, effectuées au pair, ont l'avantage d'assurer l'extinction de la dette dans un délai déterminé, en exigeant uniquement l'inscription d'une annuité fixe au budget. Ici, pas de profit immédiat ; mais la probabilité d'une situation moins obérée dans un avenir prévu contribuera à relever le crédit public.

Les conversions de rentes perpétuelles en annuités terminables ou en rentes viagères ont été fréquemment appliquées dans un pays voisin ; à ce titre elles méritent une mention. Les premières sont des rentes payables pendant un certain nombre d'années sans indication de capital ; c'est un amortissement pur et simple, à l'aide d'annuités ; tandis que les secondes, laissant subsister une chance de gain pour l'une ou l'autre des parties contractantes, sont basées sur un *alea*. Mais les opérations de ce genre ayant un caractère pour ainsi dire individuel, ne sont pas applicables, comme mesure générale, à la réduction d'une dette élevée.

IV

Cette exposition bien sommaire et toute théorique des principaux systèmes de conversions de rentes ne serait pas suffisante si nous n'envisagions ensuite le côté historique de la question. Rien ne remplace les enseignements de l'expérience ; bien des fois ils ont apporté aux conclusions absolues, vraies en principe, de la science économique des tempéraments nécessaires. Aussi peut-on dire que constater l'accord entre les principes et les faits, c'est arriver à la certitude ; si tant est qu'en dehors des sciences exactes, sur un terrain si mobile où des circonstances indépendantes de toute loi viennent donner aux plus sûrs calculs un démenti souvent formel, il soit permis de formuler une conclusion dont on se sente en état de garantir la vérité. Quoi qu'il en soit, cette méthode expérimentale a le mérite de réunir toutes les probabilités.

Les États-Unis et l'Angleterre nous ont donné un mémorable exemple par la fermeté, par la constance avec laquelle ils se sont appliqués à la réduction de leur dette.

Dès le commencement du dix-huitième siècle, l'Angleterre, sur la proposition d'un de ses grands hommes d'Etat, Robert Walpole, chancelier de l'Echiquier, convertissait en 5 pour 100, avec un plein succès, sa dette 6 pour 100. L'économie annuelle fut d'environ 8 millions de francs. Quelques années plus tard, en 1719, sans qu'il y eût conversion générale, presque tous les rentiers, par suite de l'amélioration du crédit, consentaient à ne plus recevoir que 4 pour 100 d'intérêt. Mais les guerres qu'eut à soutenir l'Angleterre ne tardèrent pas à augmenter sa dette dans des proportions considérables. En 1750, après la conclusion de la paix, nouvelle conversion du 4 en 3 pour 100, avec cette atténuation que ceux qui adhéreraient à cette proposition recevraient 3 1/2 pour 100 jusqu'à la fin de 1757 ; nouvelle économie de plus de 14 millions de francs sur les dépenses annuelles. Cette sage administration de la fortune publique avait produit tous les résultats qu'on pouvait en attendre ; de nouvelles guerres en Amérique, la longue lutte contre la France jusqu'en 1815, les illusions qu'avaient inspirées les théories de Price sur l'amortissement [1] et, comme conséquence, des emprunts contractés beaucoup au-dessous du pair [2] compromirent encore cette belle situation financière. Après ces divers événements, le capital nominal de la dette s'élevait à 19 milliards [3]. Néanmoins, dès 1822, le crédit de l'Angleterre était assez grand pour permettre de revenir aux conversions : le 5 pour 100 fut réduit en 4 pour 100, et les demandes de remboursement furent peu nombreuses. En 1824, nouvelle conversion d'une partie du 4 en 3 1/2 pour 100. En 1830, conversion en 3 1/2 du 4 pour 100 qui provenait de la conversion de 1822 et qui n'avait été garanti contre une nouvelle réduction que pendant huit ans. En 1834, conversion du 4 pour 100 existant encore en 3 1/2 ; par cette dernière opération, le 4 pour 100 disparaissait de la dette anglaise qui se trouvait alors exclusivement composée de 3 et de 3 1/2 pour 100. L'année 1844 vit encore une nouvelle conversion ; les rentiers étaient mis en demeure d'opter entre le remboursement du capital et la réduction sur le revenu du quart d'une unité pour une période de dix ans, après laquelle ils devaient accepter une autre réduction d'un quart et seraient garantis ensuite pendant vingt ans contre tout changement ; c'était la conversion du 3 1/2 en 3, avec une période transitoire où l'intérêt serait maintenu à 3 1/4 pour 100. La conversion de 1854, conduite par M. Gladstone, fut la conséquence de la précédente ; le 3 1/4 fut ramené à 3 pour 100. Toutes ces opérations, sauf celle de 1822, avaient été faites au pair, sans augmentation du capital nominal.

D'après le calcul établi par M. Labeyrie dans son consciencieux ouvrage sur les conversions [4], l'économie totale annuelle ainsi réalisée par l'Angleterre depuis 1822 atteint le respectable chiffre de 89,202,000 francs. Indépendamment de ces conversions générales, nos voisins ont aussi diminué leurs charges par l'échange de leur dette consolidée en rentes viagères. Mais, comme nous l'avons dit, les mesures de ce genre ont, pour ainsi dire, un caractère individuel ; c'est un contrat entre l'Etat et chaque particulier, ce n'est pas d'une application générale. Néanmoins, d'après l'auteur cité plus haut [5], de 1808 à 1869 il a été annulé en capital pour 1,600,078,375 francs de

---

1. V. Baudrillart, *Manuel d'Economie politique*, 1857, p. 453.
2. Leroy-Beaulieu, *Traité de la science des finances*, t. II, p. 240.
3. Baudrillart, *loco citato*.
4. P. 205.
5. P. 208.

titres représentant un intérêt de 50,191,200 francs; les rentes via-gères restant à servir ne demandaient plus à cette dernière époque que 25,507,000 francs ; tandis que les Consolidés convertis auraient exigé pour le payement de l'intérêt 41 millions.

Grâce à ces diverses conversions, l'Angleterre a donc diminué ses charges annuelles de 130 millions environ. Que sa situation finan-cière serait belle si l'amortissement avait mis à profit les ressources ainsi obtenues !

Les Etats-Unis paraissent avoir mieux compris la solidarité qui devait exister entre les conversions et l'amortissement. Après avoir eu, dès l'origine, une assez forte dette augmentée encore par leurs luttes avec l'Angleterre, ils parvenaient, en 1834, à la faire entièrement dispa-raître, demandant aux époques de prospérité des sacrifices assez grands pour éteindre les engagements contractés aux heures de malheur.

La longue guerre de Sécession, comme autrefois la guerre de l'In-dépendance, allait obliger l'Union américaine à faire un nouvel appel au crédit. Après avoir émis en 1862, 1864, 1865, 1867 et 1868 des *bonds* à 5 et 6 pour 100 rachetables dans un délai déterminé, les Etats-Unis, dès 1871, émettaient des rentes 5, 4 1/2 ou 4 pour 100 et remboursaient avec les fonds ainsi obtenus les différentes catégories de bonds ; si bien qu'une partie de l'énorme dette contractée pendant la guerre de Sécession (plus de 14 milliards de francs), se trouve actuellement convertie en 5, 4 1/2 et 4 pour 100 remboursables à partir de 1881, 1891 et 1907, et n'exige pour le service des intérêts que 39,679,000 dollars, au lieu de 50,117,000 dollars avec les anciens bonds ; c'est une économie de plus de 50 millions de francs. Pendant ce temps, l'amortissement fonctionnait sur une large échelle, les excédents de recettes volontairement prévus au budget étant tous con-sacrés au rachat des bonds. Ainsi, conversion et amortissement marchent de pair ; grand exemple donné aux autres pays. On ne saurait trop admirer la fermeté avec laquelle ce peuple renonce au dégrèvement d'impôts qu'il pourrait obtenir pour éteindre plus rapide-ment sa dette.

Nous passerons sur les mesures prises par l'Autriche, l'Egypte, le Pérou, pour atténuer le poids trop lourd de leurs dettes. Au lieu d'of-frir le choix entre le remboursement du capital et la réduction d'inté-rêt, ils ont imposé la réduction, oubliant ainsi les termes du contrat; du reste, l'état de leur crédit ne leur permettait pas d'effectuer une véritable conversion.

Avant d'arriver à notre pays, nous citerons encore la Belgique qui, en 1844, convertissait avec un plein succès en 4 1/2 le 5 pour 100 émis par elle en 1831 ; d'autres opérations de ce genre en 1853 et 1857 firent disparaître les rentes 5 pour 100 qui existaient encore. Le budget se trouvait définitivement allégé de 1,338,690 francs. Ajoutons que trois emprunts contractés de 1836 à 1842 sont actuellement amortis. Tout jeune qu'il soit, ce petit pays a donc résolument suivi l'exemple de l'Angleterre et surtout des Etats-Unis.

Nous devons avouer, non sans regret, que la France est loin de présenter des résultats aussi satisfaisants. Et cependant, les conversions étaient connues dans l'ancienne monarchie : quiconque a compulsé des inventaires de biens appartenant à des établissements publics ou privés, des *estats au vray* des seizième et dix-septième siècles, se rappellera avoir vu l'énumération de rentes perpétuelles sur l'Hôtel de Ville, sur le Trésor royal, sur les Gabelles, sur les Aides, suivie d'une mention mélancolique faisant ressortir les réductions d'intérêt successivement subies ou les remplois par suite de remboursements. Colbert, en 1664, effectuait une véritable conversion des rentes sur l'Hôtel de Ville en offrant la restitution du capital ou la diminution du revenu. Mais ces différentes mesures ne purent améliorer la fortune publique gravement atteinte par l'absence de tout contrôle dans les dépenses.

La Révolution et l'Empire furent des époques trop troublées pour qu'il ait été possible de songer à tenter des conversions. La première opération de ce genre est due à M. de Villèle, en 1825 ; les porteurs de rentes 5 pour 100 étaient appelés, dans un délai déterminé, à échanger leurs titres contre du 3 pour 100 à 75 francs ou contre du 4 1/2 pour 100 au pair avec garantie contre toute nouvelle réduction jusqu'en 1835 ; mais ils pouvaient aussi conserver leur ancienne rente. C'était donc une conversion *facultative* : par cela même, elle risquait de ne pas avoir un caractère de mesure générale. C'est ce qui arriva : sur les 197 millions de rentes 5 pour 100, 31,723,956 francs seulement furent présentés ; l'économie annuelle ne s'éleva qu'à 6,230,157 francs, et le capital nominal, par suite de l'adoption du type 3 pour 100 au-dessous du pair, s'accrut de 203,816,802 francs. Si les rentiers refusant la réduction avaient été mis en demeure de recevoir le remboursement de leur capital, le résultat eût peut-être été plus complet. Mais cette première tentative trop timide laissait encore figurer sur nos budgets plus de 165 millions de rentes 5 pour 100.

Pour arriver à la conversion de cette rente, il faut franchir un espace de vingt-sept ans. On est saisi d'étonnement en songeant qu'avec les cours de nos fonds publics dans les dernières années de la Restauration et surtout sous la monarchie de Juillet, avec l'exemple que lui donnaient l'Angleterre et la Belgique, la France n'ait tenté aucune opération analogue. L'idée d'une conversion du 5 en 4 1/2 pour 100 paraît avoir été conçue par M. de Chabrol; en 1836, M. Humann, alors ministre des finances, s'était prononcé pour la conversion et se voyait à ce propos obligé de donner sa démission; peu après tombait sur cette question le cabinet de Broglie. D'autres tentatives furent faites : en 1838, la Chambre des députés vota un projet de conversion consistant à substituer au 5 pour 100 des rentes constituées à un moindre intérêt, projet rejeté par la Chambre des pairs; en 1840, autre proposition de M. H. Passy, ministre des finances, favorablement accueillie par la Chambre des députés, repoussée par la Chambre haute; en 1845, nouvelle prise en considération d'un projet de conversion de 5 en 4 1/2 pour 100 dû à l'initiative parlementaire, à la suite d'une discussion publique où intervient M. Bineau que nous retrouverons sept ans plus tard; nouveau rejet par la Chambre des pairs; tant étaient puissants les préjugés contre une si juste mesure !

C'est ainsi que d'échec en échec, la conversion du 5 pour 100 ne fut pas entreprise à des époques où la situation du crédit, l'abondance des capitaux en garantissaient le succès. La faute n'en était pas aux ministres à qui échut successivement durant cette période le portefeuille des finances. Après ceux que nous avons nommés, nous citerons encore MM. Laffitte, Duchâtel, d'Argout, Pelet de la Lozère et Lacave-Laplagne. S'ils n'étaient pas d'accord sur la forme de la conversion, tous en admettaient et en avaient défendu le principe et l'opportunité.

En 1852, M. Bineau était appelé au ministère des finances; la part qu'il avait prise en 1845, comme député, à la discussion sur la conversion indiquait assez qu'en cela du moins il recueillerait la tradition de ses devanciers. Il désirait sans doute attacher son nom à une entreprise depuis longtemps annoncée; aussi mit-il peut-être trop de hâte à la réaliser. Arrivé au pouvoir en janvier, il faisait paraître, le 14 mars suivant, un décret-loi qui posait aux porteurs du 5 pour 100 l'alternative entre le remboursement et la réduction de l'intérêt à

4 1/2 ; pour ce nouveau fonds, l'exercice du droit de remboursement était suspendu pendant dix ans. Tout rentier qui, dans le délai de deux mois, n'adresserait aucune demande de restitution de son capital, devait recevoir de nouveaux titres 4 1/2 pour 100 en échange de l'ancienne inscription. La mesure était *obligatoire* dans le sens que nous avons donné à ce mot : c'est-à-dire qu'elle comprenait toute une catégorie de rentes ; comme conversion au pair, elle avait en outre l'avantage de ne pas augmenter le capital nominal. Mais nous avons dit qu'elle était prématurée ; en effet, le marché était à peine remis des graves événements qui l'avaient ébranlé : le cours moyen du 5 pour 100, à 103 fr. 40 le 11 mars, tomba, le 15, à 100 fr. 50 et, le 19, à 90 fr. 05. La marge était trop faible : il fallut, sous peine de laisser échapper le succès, recourir à des financiers qui, par des achats au comptant, relevèrent les cours et empêchèrent un échec ; mais leur appui ne dut certes pas être gratuit. Quoi qu'il en soit, une fois la crise évitée, l'opération fut fermement conduite. La proportion des remboursements n'atteignit que 2 pour 100 du capital engagé (74,026,703) ; l'économie brute annuelle fut de 24 millions ; nette, on peut l'évaluer à 17 millions environ. Le résultat obtenu dans des circonstances peu favorables montre ce qu'il aurait pu être quinze ou vingt ans plus tôt. Par suite de la diminution des charges annuelles, le trésor eût réalisé une économie totale d'au moins 275 millions.

Le premier pas était fait ; malheureusement des guerres fréquentes, des dépenses excessives ne permirent pas de persévérer dans cette voie. En 1862, alors que la situation financière était loin d'être prospère ; que, poussé par une active spéculation, le 4 1/2 ne pouvait atteindre le pair et restait à 98 fr. 50 ; que le 3 pour 100 arrivait péniblement à 70 francs ; le nouveau ministre des finances, M. Fould, pour faire cesser, disait-il, la rivalité des deux fonds qui constituaient la dette nationale, proposa l'échange en 3 pour 100 des titres 4 1/2 et 4 pour 100 dont les porteurs demanderaient la conversion dans un délai de vingt jours ; à la charge pour eux de verser une soulte fixée à 5 fr. 40 pour 4 fr. 50 de rente 4 1/2 et à 1 fr. 20 pour 4 francs de rente 4 pour 100.

Etant donné l'état du crédit public, cette mesure était inopportune ; elle avait en outre l'inconvénient que nous avons signalé en parlant de ce genre de conversion : sans alléger les charges du budget, elle augmentait considérablement le capital de la dette. Des ordres furent adressés aux divers comptables publics pour les engager à faire comprendre aux rentiers les avantages de la combinaison ; on prolongea même le délai d'option ; rien ne fut négligé pour assurer le succès. Comme résultat, le Trésor encaissa, grâce au versement des soultes, 157,000,000 francs appliqués à diminuer d'autant la dette flottante ; ce qui permit d'économiser l'intérêt annuel de cette somme, soit environ 8 millions. Mais le capital nominal de la dette s'accrut de 1,600 millions et l'unification qu'on semblait avoir pour objectif n'était pas obtenue, puisqu'il restait encore 39,690,850 francs de rentes 4 1/2 et 476,192 francs de rentes 4 pour 100.

Si le ministre voulait simplement se procurer des ressources immédiates sans avoir recours à l'emprunt, certes il avait réussi au gré de ses désirs. Mais n'est-on pas en droit de dire qu'il a compromis l'avenir en n'hésitant pas à augmenter dans une si forte proportion le capital de notre dette ; qu'il a rendu pour longtemps impossible le dégrèvement des contribuables en fermant à toutes les rentes converties la voie des conversions successives par réduction d'intérêt.

Cet exposé ne serait pas complet si nous négligions de mentionner la conversion de l'Emprunt Morgan. On a donné ce nom à l'emprunt de 250 millions contracté à Londres pendant la funeste guerre de 1870-71 en obligations de 500 fr. rapportant 6 pour 100 et remboursables en trente-quatre ans à partir de 1873. Il procura au Trésor 208,899,770 fr. L'Etat recevait 83.56 pour 100 du capital nominal ; l'intérêt à servir, avec les frais et l'amortissement, revenait à 8.37 pour 100. On avait eu la prudence d'insérer dans le traité avec la maison Morgan une clause réservant en tout temps à la France le droit de rembourser au pair les obligations.

Après l'accueil fait à nos emprunts de 1871 et 1872 ; lorsqu'on vit à l'étranger, avec quel entrain et quelle aisance nous supportions les lourdes charges qu'un douloureux passé nous avait imposées, notre crédit ne tarda pas à s'établir sur de solides bases. Les obligations Morgan s'élevèrent au-dessus du pair ; dès 1875, le nouveau 5 pour 100 suivait définitivement la même marche. Aussi M. Léon Say, ministre des finances en 1875, songea-t-il à user de son droit de rembourser ces obligations 6 pour 100, alors que l'Etat trouvait aisément à emprunter à 5 pour 100. Mais animé d'un esprit de prévoyance qui est la première qualité chez un administrateur de la fortune publique, il ne voulait pas remplacer une dette amortissable en trente et un ans par une dette perpétuelle. Il proposa donc d'affecter à la conversion ou au remboursement de l'Emprunt Morgan une somme de rentes

3 pour 100 de 14,541,780 fr. empruntée au portefeuille de la Caisse des dépôts (compte d'emploi des fonds des caisses d'épargne); ces rentes appartenaient en fait au Trésor qui les avait acquises pour son compte en échange des sommes reçues dont il s'était reconnu débiteur. Une annuité de 17,300,000 fr. devait être inscrite au budget pendant trente-neuf ans pour servir l'intérêt à 4 pour 100 et l'amortissement du capital représenté par les 14,541,780 fr. de rentes. C'était une économie annuelle et immédiate de 350,000 fr. environ pendant trente et un ans, compensée, il est vrai, par une plus longue période d'amortissement. En outre, chaque obligation de 500 fr. donnant droit à une inscription de 30 fr. de rente 3 pour 100 qui, au cours du jour, valait à peu près 645 fr., il était juste de demander à ceux qui avaient refusé le remboursement une soulte en échange des 145 fr. dont ils bénéficiaient par obligation. Pour donner à cette catégorie de rentiers un certain avantage, la soulte fut limitée à 124 fr. Le produit de ces versements était destiné à alimenter le compte de liquidation.

La loi fut votée dans ces conditions le 31 mars. Le fonds à 6 pour 100 disparaissait de la cote et l'amortissement était maintenu.

Si l'Angleterre, par les transformations facultatives de rentes perpétuelles en rentes viagères a obtenu des dégrèvements importants en opérant, comme une compagnie d'assurances, d'après un tarif tout à son profit, on ne peut en dire autant de notre Caisse de retraites pour la vieillesse. Fondée pour venir en aide aux classes laborieuses, cette Caisse constitue plutôt une charge : le chiffre des rentes viagères à servir dépasse de beaucoup l'intérêt des rentes annulées. Ainsi comprise, elle ne peut donc être considérée comme devant amener dans l'avenir une diminution des charges publiques.

V

Comme nous venons de le voir, la France ne compte que quatre conversions de rentes dans son histoire financière du dix-neuvième siècle. Moins heureuse que ses rivales en crédit, l'Angleterre et l'Union américaine, elle a vu sa dette s'élever sans cesse. Si la conversion de 1852 a procuré une économie annuelle de 17 millions en n'augmentant que d'une somme insignifiante le capital de la dette, les conversions de 1825 et 1862, en rentes au-dessous du pair, ont accru la dette nominale de plus d'un milliard 800 millions; la première en produisant, il est vrai, une économie annuelle de 6,230,000 fr., tandis que la seconde fut uniquement un emprunt de 157,800,000 fr. Enfin, la conversion Morgan, ne portant, du reste, que sur une somme peu élevée eu égard aux chiffres de nos budgets modernes, a permis au Trésor de réaliser un bénéfice d'au moins 50 millions à une époque où notre armement était une cause de grandes dépenses; et, grâce à la forme d'annuités terminables qu'on lui a conservée, il y a lieu de considérer comme certaine son extinction dans un temps déterminé.

L'ensemble des résultats obtenus, et même, disons-le, des efforts tentés est loin de ce que nous pouvions attendre. Les conversions de rentes ne sont pas entrées dans nos mœurs, peut-être parce que les opérations de ce genre entreprises jusqu'ici ont été effectuées dans des moments inopportuns et sans unité de conception; peut-être aussi parce que l'opposition qu'elles ont rencontrée sous la monarchie de Juillet, alors que notre situation financière paraissait bien établie, les a discréditées dans le public.

Actuellement nos cours se maintiennent à des hauteurs que, depuis longtemps, ils n'avaient pas atteintes. Les capitaux sont abondants, le taux de l'argent peu élevé. S'il n'est pas venu, l'instant approche où notre devoir sera d'alléger loyalement le poids de ce 5 pour 100 qui, au lendemain de nos désastres, attirait à lui tous les fonds français et étrangers. Nous pouvons chercher en Angleterre un exemple et un encouragement. Qu'est devenu son 5 pour 100, né aussi dans des moments critiques? Le court historique que nous avons tracé répondra à cette question. Pourquoi nos titres similaires n'auraient-ils pas le même sort ? La conversion de notre rente 5 pour 100 en 4 1/2 au pair dégrèverait nos budgets d'une charge annuelle de plus de 30 millions. La théorie se trouve d'accord avec la pratique pour recommander une semblable opération aux peuples qui, comme nous, jouissent d'un crédit incontestable. Mais pour l'application de cette mesure, il serait utile encore de nous appuyer sur l'exemple de nos voisins, chez qui la réduction d'intérêt des fonds consolidés, considérée comme légale, est laissée à l'initiative du chancelier de l'Echiquier; c'est un acte administratif qui n'a pas besoin de la sanction préalable du Parlement. On comprend combien cette liberté contribue à assurer le succès d'une telle entreprise. Pour réussir, une conversion doit être rapidement conduite ; une fois le principe admis, le choix du moment où elle sera présentée au public regarde spécialement le gouvernement. Si l'Angleterre, pays de liberté, de légalité et de parlementarisme, reconnaît cette nécessité et en a fait un droit, nous devons mettre à profit un pareil enseignement.

Tout en avouant nos préférences pour la conversion du 5 en 4 1/2 pour 100 au pair, telle qu'elle a été souvent pratiquée avec succès chez nos voisins, nous ne pouvons nier, d'un autre côté, que la forme de dette adoptée par les Etats-Unis ne nous paraisse bien séduisante. Profiter de l'amélioration de son crédit pour réduire les conditions de ses emprunts est pour une nation un devoir ; mais n'en est-ce pas un plus grand encore de s'imposer, par la création d'une dette amortissable, l'allègement forcé des charges de l'avenir. Nous n'ignorons pas qu'en France les rentiers, habitués de longue date à une certaine forme de rente, n'accorderaient peut-être pas à de nouveaux types une égale faveur. A cet égard, cependant, on peut compter sur le 3 pour 100 amortissable, qui se classe peu à peu, pour amener une révolution dans les préférences des créanciers de l'Etat. Il serait alors possible, dans un avenir plus ou moins éloigné, de tenter des conversions de rentes perpétuelles en rentes amortissables.

Mais nos budgets sont trop chargés, la situation de l'Europe trop tourmentée pour nous permettre de nous lancer dès maintenant dans une transformation aussi radicale. Le 3 pour 100 amortissable n'est certes pas recherché comme nos anciens types. Qu'une heure de trouble vienne à sonner, qu'une guerre éclate, l'équilibre du budget est compromis ; l'annuité nécessaire à l'amortissement ne peut plus être servie qu'à la condition d'emprunter de nouveau à un taux plus onéreux ; et ce qui devait être un allègement devient une aggravation de charges. En outre, l'avenir est irrévocablement engagé : on n'est plus libre de profiter, par la suite, d'une nouvelle amélioration du crédit. Avec la conversion en 4 1/2 au contraire (l'Angleterre en est la preuve), cette liberté subsiste entière ; l'État, et c'est là, quoiqu'on en dise, un point important, n'augmente pas le capital de sa dette ; il ne se lie pas par l'obligation de servir à heure fixe une énorme annuité. Enfin, si le budget donne des excédents de recettes, il est toujours possible de les consacrer au rachat de titres au-dessous du pair et de procéder ainsi à l'extinction progressive d'une dette qui, jusqu'ici, n'a cessé de s'accroître. Pour arriver à ce résultat enviable, qui reste comme le but encore éloigné vers lequel les regards sont toujours fixés, la réduction de notre 5 pour 100 en 4 1/2 est donc, dans les conditions actuelles, le premier pas que la prudence nous engage à faire.

En résumé, les conversions de rentes sont un acheminement naturel vers l'amortissement; c'est à ce point de vue intéressant la masse des contribuables qu'il faut les envisager. Nous avons essayé de montrer à quelles conditions elles sont légitimes et respectent les droits des rentiers. Certes, pratiquées comme elles l'ont été en Angleterre, en Belgique, on peut affirmer qu'elles ont sauvegardé ces droits et invoquer, comme preuve, le crédit dont jouissent actuellement ces deux pays. Or, le crédit est basé sur la confiance, sur la fidélité à tenir les engagements pris; constater la faveur que trouvent nos voisins auprès des capitalistes, c'est dire assez que les conversions qu'ils ont effectuées ont respecté les contrats consentis.

Lorsqu'elles seront connues et vulgarisées, ces idées ne pourront manquer de faire leur chemin dans les esprits. Quand on comprendra que, si l'Etat doit scrupuleusement respecter les promesses qu'il a faites à ses créanciers, il est aussi de son devoir de ne pas imposer indéfiniment aux contribuables un sacrifice immérité; que continuer à servir un intérêt élevé lorsque la situation du crédit permet d'emprunter à un taux plus avantageux, c'est constituer au profit des rentiers un privilége anormal; alors s'imposera la nécessité d'une conversion à laquelle un patriotisme éclairé et désintéressé ne peut que réserver un favorable accueil.

G. CERISE.

PARIS. — IMPRIMERIE P. MOUILLOT, 13, QUAI VOLTAIRE. — 12247

PARIS. — IMPRIMERIE P. MOUILLOT 13, QUAI VOLTAIRE. — 12217.